영재교육의 실제적 전략 시리즈

series editors

Frances A. Karnes & Kristen R. Stephens

영재학생 집단편성

A Menu of Options for Grouping Gifted Students

Karen B. Rogers 지음
전미란 옮김

아카데미프레스

A Menu of Option for Grouping Gifted Students

차 례

역자 서문

영재교육이 엘리트교육이라고 지탄을 받는 이유는 영재라는 이름으로 특별한 집단을 편성하여 차별화된 교육 프로그램과 교육 자료를 제공하기 때문이 아닐까 생각한다. 하지만 내용에 따라, 개인에 따라, 상황에 따라 다양한 집단편성이 필요하며, 또 그것이 교육적으로 효과적이기 때문에 지속적으로 연구하고 고민하는 것이다.

본 역서를 통하여 집단편성을 바로 이해하고, 영재교육에서뿐만 아니라 일반교육에서도 집단편성에 대한 선택과 실행에 도움이 되기를 바란다. 이것은 영재교육을 실시함에 있어서 매우 중요한 부분이 될 것이며, 이러한 노력들이 모여 우리나라의 영재교육을 발전시키는 데 조금이나마 보탬이 될 것으로 사료된다.

본 영재교육 시리즈를 선택하고 번역을 시작하게 하신 안도희 교수님, 오랜 시간을 기다려 주고 수고해 주신 아카데미프레스의 사장님과 편집부 여러분들께 진심으로 감사드린다.

2009년 가을

역자

시리즈 서문

『영재교육의 실제적 전략 시리즈』는 교사, 상담가, 교육행정가, 부모 그리고 그 외에 이 분야에 관심이 있는 사람들에게 영재교육 분야에서 많이 논의되는 다양한 이슈들에 대한 최신 교수 기법과 정보를 제공해 준다. 이 시리즈의 각 권은 영재교육 분야에서 권위 있는 학자들에 의해 많이 논의되는 주제를 중심으로 소개되고 있다. 대표적인 주제는 다음과 같다.

- 영재 학습자들을 가르치기 위한 속진 전략
- 교육과정 압축: 잠재성이 뛰어난 학생들을 변별하기 위한 첫걸음
- 영재 학습자들을 위한 심화 기회
- 영재 학습자들을 위한 개별 연구 활동
- 영재학생들에게 동기 부여하기
- 영재아들을 가르치기 위한 질문 전략
- 사회적 · 정서적 교수 전략
- 영재 학습자들을 위한 매체공학 사용하기

서론

지난 15년간 능력별 집단편성을 둘러싼 논쟁은 여전히 계속되고 있고, 때로는 뜨거운 논쟁이 일기도 한다. 하지만 이에 대한 최근 연구를 분석해 보면 영재학생 집단편성에 대하여 아무것도 변한 것은 없음을 알 수 있다. 다만 집단편성의 형태가 다양해졌을 뿐이다. 최근의 연구는 다양한 프로그램 효과에 점점 초점을 맞추고 있으며, 그 결과 학생들의 집단편성에서 나타나는 사회·정서적 효과에 대한 이해가 좀 더 명확해지고 있다. 본 안내서의 목적은 영재 학습자들을 대상으로 한 최근 연구의 분석을 통하여 영재아에 대한 집단편성을 결정해야 할 때 확신을 가질 수 있도록 하는 것이다.

이 책은 두 부분으로 나누어져 있다. 첫 번째 부분은 능력에 의해 구분한 집단편성의 네 가지 방법을 정의하고, 수행에 의해 구분한 집단편성의 여섯 가지 형태와 함께 지난 10년간의 연구에 나타난 집단편성에 대해서 논의할 것이다. 그리고 두 번째 부분에서는 집단편성에서 어떻게 가장 적절한 형태를 선택할지와 학교 체제 안에서 그것을 어떻게 다룰 것인지에 초점을 맞추고 있다. 여기서 보여 주는 두 가지 표는 일반 학급과 영재 학급의 교사들에게 다양한 집단편성을 이해하도록 돕고, 각각의 집단편성 유형에 맞는 가장 적절한 교수-학습 전략과 교과과정에 적용할 수 있도록 도와줄 것이다. 게다가 각각의 집단편성을 수행하는 데 도움이 되는 다양한 정보 목록도 제시하고 있다.

일반적으로 어떤 집단편성이든 학문적인 성취와 함께 긍정적인 사회·정서적 효과를 보여 준다. 집단편성은 영재 학습자들을 위하여 더 도전적인 과제를 줄 수 있고, 더 진보된 내용을 가르치며, 비슷한 능력과 흥미를 가진 친구들과 함께하는 가장 효과적인 수단인 "최소한 제한된 환경"을 제공하는 경향이 있다.

집단편성은 교육자들이 영재아들에게 수준별로 학습하게 하고, 꼭 필요한 정도로만 복잡하게 접근할 수 있도록 하는 매개체이다. 아마도 집단편성 시 실제로 무엇을 하게 될 것인지를 선택한 후에 집단편성의 형태를 생각하는 것이 점점 더 중요해질 것이다.

집단편성의 종류

다음 두 개의 사례 연구에서 고딕체로 쓰인 부분을 통하여 집단편성의 종류를 살펴보자. 각각의 사례 연구 아래에 대답할 수 있는 공란이 있다. 정답은 이 책의 끝 부분에 제시되어 있다.

사례 연구 1: 수잔나

수잔나는 유치원에 들어가기 전부터 이미 글을 아주 잘 읽었다. 유치원 교사는 읽기 시간에 수잔나보다 나이가 많은 친구들과 함께 있도록 하기 위하여 **수잔나를 1학년에서 가장 수준 높은 읽기 교실로 보냈**다. 수잔나는 **매 학년의 가장 수준 높은 읽기 집단에 속해** 있었다. 3학년 때 수잔나는 정말 우수한 교사로부터 연구 기술이나 비판적인 사고와 창의적인 생산력을 배우게 되는 **풀아웃 프로그램에** 들어갈 수 있게 되었다. 4~6학년 동안 수잔나는 **읽기와 수학 과목 모두에서 월반을 하게**

되었다. 수잔나는 5학년 때 6학년의 학업을 완수하였고, 5~6학년 동안에 중학교 과정을 스스로 학습하였다. 중학교 때 수잔나는 3개월간 수학 속진 학급과 영재 세미나 수업에 참여하였다. 수잔나는 중학교를 다니는 동안 대수학 I과 II를 완수하였다. 고등학교의 첫 두 해 동안에는 수학 속진 학급과 영어, 사회, 과학의 우등반에 참여하였다. 수잔나는 고등학교 2학년 때 AP(Advanced Placement) 프로그램에서 미적분학을 마쳤다. 또한 고등학교 마지막 2년 동안에 영어와 사회, 그리고 과학을 AP 학급에서 수행하였다. 수잔나의 집단편성 종류는 무엇인가?

1. 1학년에서 가장 수준 높은 읽기 교실 참여

___

2. 각 학년별 최우수 읽기 그룹 참여

___

3. 자료실 풀아웃 프로그램 참여

___

4. 읽기와 수학 모두에서 월반

___

5. 자기 스스로 자신의 능력과 흥미에 맞추어서

___

6. 영재 세미나 수업 참여

____

7. 수학 속진 학급 참여

____

8. 영어, 사회, 과학의 우등반 참여

____

9. AP(Advanced Placement) 프로그램 참여

____

10. AP 학급 참여

____

사례 연구 2: 안토니오

안토니오는 수학과 읽기 영역에서 매우 좋은 성적을 얻었으며, 마찬가지로 유치원에서의 학습 태도도 높이 평가되었다. 그리고 안토니오는 가장 똑똑한 아이들로 구성된 1학년 일반 학급에 배치되었다. 교사는 수업시간의 1/3을 영재아들을 위하여 차별화된 수학과 읽기, 사회 수업을 제공하였다. 그들은 두 개의 소그룹으로 나뉘어 협동학습을 하였고 교사는 매일 학생들의 조언자로 동참하였다. 이러한 배치는 안토니오가 초등학교를 다니는 동안 지속되었다. 3학년 때, 안토니오는 잘하는 영역에서 다양한 단기 심화 수업에 참여하도록 권유받았다. 그

가 가장 좋아했던 수업은 "작가의 워크숍"과 "과학 실험설계"였다. 중학교 때 안토니오는 그 지역 교육청에 있는 학교에서 선발된 가장 뛰어난 학생들만 참여하는 상위 영재 프로그램에 참여하였다. 그 프로그램에는 6, 7, 8학년 학생들이 포함되어 있으며, 모든 학생들은 학년이나 나이와 상관없이 자신이 할 수 있는 수준과 단계에 따라 수업을 진행할 수 있었다. 안토니오는 고등학교에서 국제 학사학위 준비반과 국제 학사학위(IB) 프로그램에 등록하고 학사학위 취득에 요구되는 모든 코스를 수행하였다. 졸업반에서는 공식적인 학기를 시작하기 전에 자신의 고등학교 캠퍼스에서 지역 대학에서 제공하는 수업에 참여하였다. 안토니오의 집단편성의 종류는 무엇인가?

1. 8명의 최우수 아동을 위한 수업 참여

2. 두 개의 군집 집단 교실 배치, 비슷한 능력의 협동 집단 배치

3. 단기 심화수업 참여, 외부의 심화학습 프로그램 배치

4. 상위 영재 프로그램 참여, 혼합 연령 특별반 배치

5. 6, 7, 8학년 학생이 모인 학급 참여, 혼합 연령 재집단편성 배치

6. 국제 학사학위 프로그램 참여, 국제 학사 재집단편성 배치

7. 지역 대학에서 제공하는 수업 참여, 고등학교 내 대학의 재집단편성 배치

능력별 집단편성

수잔나와 안토니오는 모두 그들의 능력과 적성 수준에 맞추어 적절한 집단편성의 혜택을 입었다. 수잔나는 유치원에서 고등학교까지의 경험 중에서 특히 두 가지를 즐겁게 기억하였는데, 하나는 초등학교 때 충분히 도전적이었던 풀아웃 프로그램과 중학교 때의 정서 세미나이다. 안토니오도 몇 가지 능력별 집단편성을 경험하였는데, 초등학교 때의 수준별 협동학습과 중학교 때의 능력별 혼합 연령 수업 등이 그것이다.

일반적으로 우수한 학생들을 위한 능력별 집단편성에는 네 가지 방법이 있지만 모두 학생들의 수준에 맞춘 것이다. 네 가지 유형은 전일제 능력별 집단, 수준별 집단, 풀아웃 심화 집단, 그리고 동질 협동 집단편성이다. 지금부터 하나씩 정의되고 설명될 것이며 주로 연구에서는 어떻게 지지받거나 지지받지 못하는지에 대해 논의될 것이다. 집단편성에 대한 실질적 연구는 교사나 부모가 집단편성의 유형을 선택하고 적용하려고 할 때 모두에게 중요한 정보를 제공한다. 학교에서는 연구가 제대로 뒷받침되지 않은 상태에서, 즉 집단편성의 영향이나 어떤 단점을 고려하지 않은 상태에서 사실상 너무 자주 시도되는 편이다. 그래서 2~3년 후에는 결국 실시하지 않게 되고, 이 때문에 영재학생들은 더 높은 수준으로 차근히 밟아 가면서 얻을 수 있는 학문적 성취의 장점을 잃게 되는 것이다. 집단편성 유형에 대한 긍정적인 결과가 부족하다면 학습자를 위하여 다른 방법을 시도하는 것이 매우 중요하다. 그러나 긍정적인 효과를 보여 주는 연구가 있다면 그 방법은 성공할 수 있고 지속될 수 있는 가능성이 높다고 할 수 있다.

지난 15년간 특별히 부모와 교육자에게 도움이 되었던 것은 메타분석 연구이다. 메타분석은 관련된 연구 결과를 모두 모아서 전체적으로 보여 주는 장점이 있다. 영재아에 대한 메타분석은 17개나 이루어져 있다. 이것은 단지 메타분석 연구만을 통해서도 영재학생들의 학문적·사회적·심리적 잠재 능력과 이러한 학생들이 영재교육을 통한 집단편성이 얼마나 효과적이었는지를 한눈에 알 수 있게 해 준다. 그러나 메타분석은 모든 연구를 아울러 평균적인 효과를 보여 준다는 점에서 약간은 조심해야 함을 경고하기도 한다. 즉 특정한 지역의 특정한 상황에 대한 내용을 알려 주지는 않는다는 것이다. 이 책의 맨 뒤에 있는 참고문헌 목록을 살펴보고 특정한 학교 상황에 대한 연구 제목을 찾아보기 바란다(예를 들면, 시골의 초등학교 또는 중서부에 위치한 커다란 도시 학교 등). 만약 현재 처한 상황과 비슷한 학교 상황을 찾는다면 거기서 설명하고 있는 교육은 그 메타분석 결과를 읽는 부모나 교육자들에게도 비교적 적합하다고 볼 수 있다. 관련된 것을 찾지 못한다면 아마도 새로운 시도를 하고 싶어질 것이다. 그러나 메타분석에서 묘사된 것과 유사한 결과를 보일 것임을 명심해야 한다. 즉, 지역적인 특성이 반영된 결과나 새로운 교육의 실행이 영재학생들에게 끼친 영향 등을 알아볼 수 있을 것이다. 사실 지역에 있는 대학교에서 연구를 설계하며 데이터를 수집하고 분석하고 해석하는 데 도움을 받을 수 있을 것이다.

전일제 능력별 집단편성

여기에는 IQ나 학교 성적이 우수한 학생들이 주로 선발된다. 표준 수준을 능가하는(예: IQ 130) 학생들은 자기와 수준이 비슷한 동질 집단에서 학교생활의 대부분 시간을 보내도록 배치되어야 한다는 것이다. 이러한 학급을 맡은 교사는 모든 과목에서 속도나 복잡성이나 일반 개념 학습 등을 학습자들의 수준에 맞추어서 적절하게 차별화할 수 있을 것이다. 교사는 과도한 훈련이나 연습을 줄이고, 특히 과학이나 수학 과목에서는 이러한 방법이 장기적으로 볼 때 학습자를 위한 기술이나 지식 습득에 실제로는 손해가 될 수도 있다는 것을 이해하여야 한다.

James와 Chen-Lin Kulik은 마그넷 학교, 영재 학교 안에서의 풀타임 능력별 집단 구성 또는 학교 내 학교에서 전일제 능력별 반편성으로 같은 수준의 학생들만 모여서 하는 영재 수업에 관하여 다섯 개의 메타분석을 진행하였다. 그들의 결과는 1982년부터 현재까지 현저하게 일관적인 결과를 나타내고 있다. K-6 학년에서는 일반학급에 배치된 영재아들과 비교해 볼 때, 그들이 참여하고 있는 프로그램의 각 학년에서 모든 과목의 학습과정을 1.5배 정도 적절하게 성취하는 것으로 나타났다. 7~12학년에서는 영재 학습자들이 모든 학년 모든 과목에서 커리큘럼의 $1\frac{1}{3}$을 적절히 수행하였다. Kulik(1993)에 의해 밝혀진 이러한 비교의 성과는 학습과정 그 자체가 전면적으로 적용되었을 때 성과가 훨씬 크게 나타났다. 기대되는 성과의 평가로서 효과지수(ES)는 기술과 연습을 제외하고 복잡성과 개념적인 사고과정을 풍부하게 한 수업에서는 .41를 나타내었고, 지식이 탄탄하고 보통 수업 속도보다 표현 속도를 2배에서 3배 정도 증가시킨 부분에서의 수행은 .87을 나타내었다(Kulik & Kulik, 1992).

이러한 집단편성의 형태에 대한 사회적·심리적 결과는 최근에 와서 광범위하게 연구되었다. Kuliks(1992)는 자기 존중의 효과에 대한 연구의 네 가지 메타분석을 수행하고 혼합된 능력 집단의 영재 아동들이 풀타임 프로그램에 참여하는 영재 아동보다 다소 높은 세계적인 자기 존중감을 가진다는 것을 밝혀내었다. Gross(1997)를 포함하여 많은 연구가들은 혼합 능력 집단의 아이들은 자연스럽게 "스타"이기 때문에 자만하는 지각을 가지게 되고, 풀타임 프로그램에 참여하는 아이들은 자아 존중감에 대하여 좀 더 현실적인 지각을 하게 된다고 주장하였다. Keller(1991)는 영재아들이 가진 인지적·사회적·세계적인 자기 지각력에 대하여 혼합 능력 학급, 지속적인 진급 프로그램, 그리고 영재 마그넷 학교를 비교해 보았다. 인지적인 자기 지각은 혼합 능력 집단에서 가장 높았고 다음이 지속적인 진급 프로그램이었는데, 사회적 자기 지각은 마그넷 학교에서 가장 높았다. 그리고 세계적 가치에 대한 인식은 세 가지 능력별 반편성 모두에서 서로 차이가 없었다.

영재 아동들이 동일하지 않은 집단에 배치될 때는 어떻게 될까? Kennedy(2002)는 29명이 있는 5학년 학급에 배치된 9살 된 영재 소년의 사례 연구를 통해 이를 밝혀내었다. 그녀는 그 아동의 학문적인 성취에는 만족한다는 결과를 나타내었지만, 친구가 전혀 없었고 교사와의 일대일 시간을 많이 요구하며 선생님을 지적인 동료로 여긴다는 것을 지적하였다.

학습 동기는 집단편성 여부에 따라 다른 결과를 초래할 수 있는 또 하나의 변인이다. Kuliks(1992)에 따르면 영재 학습자는 능력이 비슷한 다른 학생들과 같은 집단에 있을 때 학습하는 과목에 대한 흥미에서 상당히 높은 수치(ES = .27)를 보여 준다. 그러나 일반 학교에 대한 학습 태도의 동기는 아주 약간 긍정적일 뿐이었다(ES = .11). 몇 학교의 Sizer 연합이 재설립되었던 흥미로운 사례 연구(Sizer, 1984, 1992, 1996)에서 능력별 집단과 우수반 등이 모두 없어졌을 때, Lynch(1993)는 1학년 때부터 지속적인 학습 동기를 보여 주었던 10학년 영재 여학생에 대한 추적 연구를 실시하였다. 하지만 이 학생에게 주어진 수업 수준에 만족스럽지 않았던 것으로 나타났다. Lynch는 그녀가 만약에 스스로 더 많은 도전을 만들지 않았더라면 굉장히 많은 손해를 보았을 뻔했다는 결론을 얻었다.

Shields(2002)는 동질 집단 내에서와 혼합 능력 집단 내에서의 영재와 일반 학생들 사이의 성취와 자기 지각력을 비교하였는데, 영재들의 성취 달성은 동일한 능력별 반편성에서 훨씬 더 높았고, 일반 학생들은 동질 집단에서는 오히려 낮은 성취를 보였다. 그리고 자기 지각력과 학교에 대한 태도에 있어서는 별다른 차이가 나타나지 않았다. 그러나 동질 집단 내에서 영재들은 흥미 있는 분야의 학습을 더 선호하는 경향을 보였고, 반면에 일반 학생들과 낮은 성취도를 보인 학생들은 동질 집단에서 학문적인 자아 존중감과 자신감 부분이 좀 더 높게 나타났다. 혼합 능력 집단편성에서의 영재들과는 달리 동질 집단에서의 영재들은 교사가 자기 개념을 강화시키고, 높은 기대를 가졌으며, 실제 수행보다 더 많은 피드백을 주었고, 더 많은 시간을 수업에 할애했다고 언급하였다. Delcourt, Loyd, Cornell, 그리고 Goldberg(1994)는 영재 학교의 영재학생들이 일반 학교에서 풀아웃 프로그램이나 학급 내에서의 소그룹 활동에 속해 있는 학생들보다 훨씬 더 학습에 대한 긍정적인 태도를 보였다는 것을 밝혀내었다.

정리하면, 영재학생들은 능력이 비슷한 학생들과 같이 전일제로 있을 때, 영재를 위한 특별한 학교이건 학교 내 학교이건 영재 학급이건 간에 분명한 학문적 성과를 보여 주었고 학습 동기를 증가시키는 것으로 나타났다. 이미 형성된 학습에 대한 긍정적인 태도는 이러한 집단편성에서 유지되고 도전 의식과 사회적 표현 수단도 충분히 개선되었다. 영재학생들의 학문적인 자기 존중감은 영재학생이 아닌 동료들과 비교하여 비현실적인 우월감을 갖는 것이 아니라 전일제 집단편성에서 오히려 더 현실적으로 된다.

군집 집단편성

군집 집단편성은 5명에서 8명 정도에 해당하며, 주어진 학년에서 성적이 아주 높거나 IQ 점수로 판별되고 다른 학생들과 같이 수업을 하게 되는데, (1) 그들을 가르치기를 원하고, (2) 어떻게 차별화하는

지에 대해 훈련 받았고, (3) 교과과정과 수업의 차별화를 위해 수업 시간을 할애하려는 자세가 있는 교사와 함께하면 효과적이다.

대부분의 경우 교사는 일반적인 수업의 2배나 3배가량 속도를 증가시키며, 전체에서 부분의 개념을 가르치고, 지나친 훈련이나 반복 연습은 줄이며, 이미 숙달된 소집단을 적절하게 지도한다. 대략적으로 교수시간의 1/3 정도를 이 소집단과 함께하며, 반면 남은 다른 학생들은 그동안 주어진 과제를 수행하고 교사는 나머지 시간 동안은 나머지 학생들과 함께 작업한다.

이러한 방법이 오히려 전일제, 동질 집단에서 학습하는 것보다 훨씬 더 학문적인 성취를 보여 준다는 연구가 많은데, 그것은 아마도 5~8명의 소그룹이 24~30명의 학생이 모인 동질 집단보다 더 동질성이 있기 때문일 것이다. 일반적으로 소집단의 영재학생들은 동일하지 않은 집단 속에서 특별한 집단편성이 없는 일반 학급에서의 영재학생들과 비교해 볼 때 1년 동안 $1\frac{3}{5}$의 효과를 나타내었다(Kulik &. KuliK, 1992). 군집 집단편성의 종단 연구에서 Gentry(1999)는 이러한 소집단 편성 학급에서 영재로 분류되는 학생들의 수가 매년 증가하는 것을 볼 수 있었다. 즉, 이러한 반편성에서는 같은 교실에 있는 다른 학생들도 차별화된 수업의 덕을 보는 것으로 해석할 수 있다. 게다가 Gentry는 군집으로 구성된 영재학생들에게도 성취 수준이 통계적으로 유의미하게 증가하는 것을 보고하고 있는데, 그것은 아마도 교사의 기대 수준도 높고 적절한 차별화가 이루어졌기 때문일 것이다.

Schuler(1997)의 군집 집단편성의 수행에 대한 조사 연구에 의하면 15개 주 69개의 지역 중에 61개의 지역에서 교실 구성의 1/3에 해당하는 학생들에 대하여 군집이 편성되어 있는 것으로 보고되었다. 이 수행은 3~5학년에서 더 많이 사용되는 것 같지만 조사한 지역의 12%는 오히려 군집 집단편성을 10~12학년에서 더 사용하고 있었다. 응답자들을 관찰한 결과 그들의 군집 집단 안에서는 교사가 풍부하고 차별화된 내용과 사고 기술을 더 많이 사용하며 질적으로도 다르다는 것을 보고하였다. 하지만 이 지역의 행정가들은 이러한 집단편성에 대하여 13% 정도는 부정적이었으며, 90% 이상의 지역에서는 군집 집단 학급에 속한 학생들의 학습 능력과 학교에 대한 태도는 매우 긍정적인 것으로 나타났다. 이후의 Gentry(1996)의 연구에서 낮은 성취 또는 평균 수준의 학생들은 학급에서 가장 우수한 학생들이 없을 때 잘하는 것으로 보였다. 군집 집단의 학생들은 이렇게 군집 집단으로 구성되어 지도받을 때 아이오와 기초능력검사(ITBS) 점수와 캘리포니아 성취검사(CAT)의 점수가 매년 상당히 증가하는 것으로 나타났다.

요약하면, 이 연구는 영재학생들이 군집 집단으로 편성되는 것이 다른 학급 상황으로 편성되어 있는 영재학생들에 비해 학문적 성취를 좀 더 경험하게 하고 학습 능력과 학교에 대한 긍정적인 태도를 가지게 한다는 것이다. 이들 학급의 차별화된 수준은 다른 프로그램에서 차별화된 것보다 훨씬 더 적절하게 차별화되이 있는 것으로 나타났다. 또한 일반 학생들에게도 역시 이로운 것으로 나타났다. 일반 학생들도 군집 집단에 편성되면 대다수가 더 나은 학문적인 수행을 하게 된다는 것이다. 그리고 만약에 군집편성이 되지 않은 일반 학급에 있으면 영재학생들이 없을 때 새로운 스타가 되어 더 나은 수준의 수행을 하게 되기도 한다.

풀아웃 집단편성

시험 점수가 높은 학생들을 대상으로 대부분 수업은 일반 교실에서 다른 학생들과 같이 하고 1주일에 일정한 시간 동안 특별히 배치된 교사와 함께 이루어지는 수업을 하기 위해 일반 교실을 떠나는 것으로 능력별 반편성의 개념이다. 학습 동기나 인내 수준은 수행 수준과 마찬가지로 능력별 집단편성에 따라 차별화된다. 그렇기 때문에 능력별 집단편성에서 교사의 역할은 좀 더 어려워진다. 왜냐하면 이러한 편성은 1주일에 한 번, 1시간에서 기껏해야 하루 정도만 이루어지기 때문에 학생들을 알아보기가 쉽지 않기 때문이다. 이것은 쉽게 적용할 수 있는 프로그램이기 때문에 행정가들 사이에서 인기가 많고, 학생들 사이에서는 일반 교육 프로그램과 다르기 때문에 인기 있는 편성방법이다.

1985년에 Cox, Daniel, 그리고 Boston은 조사한 지역의 80% 이상이 영재학생들을 위한 집단편성으로 자료실 풀아웃 프로그램을 선택한 것으로 밝혔다. Vaughn, Feldhusen, 그리고 Asher(1991)는 1년 과정 중에 비판적인 사고 기술에 초점을 맞춘 자료실 풀아웃 프로그램은 1년에 2/5 정도의 성취를 더 얻었고, 창의적 사고는 1년 동안 1/3 정도 더 긍정적인 성취 결과를 얻었다고 보고하였다. 그러한 성취는 여러 가지가 "뒤범벅"되어 제공될 때보다는 그해 내내 한 가지에 초점이 집중되었을 때에만 얻을 수 있는 성과라고 할 수 있다. Campbell과 Verna(1998)의 흥미로운 인터뷰 조사 연구에서는 풀아웃 프로그램에 있는 영재학생들(n = 18)과 전일제 학급에 있는 영재학생들(n = 39)을 비교하였는데, 행정가들이 전일제 영재 학급보다 풀아웃 프로그램을 좀 더 도우려는 경향이 있고 더 차별화된 소재와 경험을 더 많이 제공하고 있음을 밝혀냈다. 또한 완전 분리된 전일제 학급의 교사는 이렇게 우수한 학생들을 위하여 차별화된 교과과정을 지속적으로 수행해야 한다는 것에 대해 더 부담을 가지는 것으로 보고되었다.

Zeidner와 Schleyer(1999)는 이스라엘 학교(n = 763)에서 전일제 영재 학교의 학생들과 1주일에 한 번 풀아웃 프로그램의 학생들을 대상으로 다양한 감성적 변화를 비교하였다. 그들은 일반적으로 풀아웃 프로그램 학생들이 좀 더 불안감을 느끼기는 하지만, 학문적인 자기 개념과 영재성에 대한 긍정적인 지각은 영재 학교의 영재학생들보다 더 높은 것으로 나타났다고 보고하였다. 그러나 영재 학교에 있는 영재학생들은 학교나 학교환경에 대해 좀 더 긍정적인 마음을 가졌고 그 프로그램에서의 학습에 대한 동기도 좀 더 높다고 보고하였다.

요약해 보면, 연구들은 자료실 풀아웃 프로그램에서 좀 더 비판적이거나 창의적인 사고와 같은 사고 기술을 지속적으로 개선해야 한다고 제안한다. 좀 더 차별화된 소재나 자료는 다른 집단편성의 교사들보다는 풀아웃 프로그램 교사들에게 좀 더 많이 제공되고 있다. 그러므로 다른 집단편성에서보다 차별화의 영역에서 개인적인 노력이 덜 요구된다고 할 수 있다. 영재 학습자들의 자기 개념은 다른 영재집단편성보다 풀아웃 프로그램에서 높게 나타났고, 영재성에 대한 스스로의 지각 또한 긍정적으로 나타났다. 하지만 학습 동기와 도전을 받아들이는 정도는 다른 집단편성에서보다 더 적은 것으로 나타났다.

능력에 따른 협동 집단편성

능력에 따른 협동 집단편성은 능력이 동일하지 않은 일반 학급에서 교사가 우수한 학생(IQ 테스트 또는 성적에 의해서 분류된) 3명에서 4명 정도로 소그룹을 만들고, 그들만을 위하여 차별화된 과제나 프로젝트를 주고 같이 협동하여 완수하고 평가도 같이 받도록 하는 것이다. 안토니오의 반에서는 교사가 능력에 따라 영재학생 8명을 두 협동 집단으로 편성하였다. 대부분의 경우, 이들 집단에게 주어지는 협동적 임무는 일반 교과과정의 표준과 기술을 확장시킨 것일 뿐만 아니라 시간도 더 오래 걸리는 것들이다.

이러한 집단편성에 대한 연구는 최근에 두 가지 형태로 나타난다. 1990년까지의 연구는 장애 아동들이나 영어가 제2외국어인 학생들, 또는 아주 우수한 학생들에 대하여 협동학습을 하면 약간의 사회성 향상을 나타냈으나 성취가 우수해지는 것은 아니었다(Roy, 1990). 1990년 이후의 연구는 혼합 능력 집단에 있는 영재학생들과 비슷한 능력으로 구성된 협동학습 그룹의 영재학생들을 비교하는 데 초점을 맞추어 왔다. Arneson과 Hoff(1992)는 영재학생들이 협동학습에 대하여 관계를 유지하거나 발전시키기 위한 최선책으로 생각하지는 않는다고 보고하였다. 이들은 협동학습을 사회성 발달을 위해서나 효과적인 학습을 위해서 최선책이라기보다는 그냥 보충적 경험으로 사용할 것을 추천하였다.

Stout(1993)은 자료실 풀아웃 프로그램에서 초등학교 영재학생들에게 협동학습을 하도록 하고 실험 연구를 하였는데, 여기서 영재학생들은 협동학습 집단에서 사회적·학문적 태도가 좋아진다는 것과,

그러면서도 학문적 성취가 떨어지지 않는다는 것을 알아내었다. 하지만 개별적으로나 그룹으로 풀아웃 프로그램에 있을 때보다는 수행 속도가 느린 것으로 나타났다. Neber, Finsterwald, 그리고 Urban(2001)은 영재들이나 높은 학업 성취를 보이는 학생들을 대상으로 하는 협동학습에 관한 12개의 조사 연구를 대상으로 메타분석을 실시하였는데, 방법적으로 문제가 있거나 연구 대상이 매우 제한적이거나 성취를 측정하는 방법도 너무 간단하고, 따라서 결과도 매우 제한되어 있다는 것을 제시하였다. 연구자들은 우수한 능력을 가진 학생들은 협동학습 상황보다는 동질 집단이나 개인적으로 수행할 때 더 잘한다고 결론을 내렸다. Kenny, Archambault와 Hallmark(1995)는 영재와 일반 초등학교 학생들로 구성된 그룹의 효과를 연구하였는데, 영재학생들은 학습 능력과 자기 존중감에서 혼합 능력 집단에서나 동질 능력 협동 집단에서나 모두 큰 차이가 없는 성과를 보였다고 하였다. 하지만 혼합 능력 집단에서 영재가 아닌 학생들이 오히려 사회적으로 더 어려움을 겪는다고 하였다. 협동 집단에서 평균 능력의 학생들과 낮은 성취를 보이는 학생들은 다시는 서로 그룹이 되지 않기를 바랐으며, 자기 존중감도 조금 낮아진 것으로 나타났다.

18주에 걸친 협동학습과 Gardner의 다중지능 이론을 중심으로 한 프로그램에서 Martin, Powers, Ward, 그리고 Webb(2000)은 영재학생들과 일반 학생들이 협동학습에서 주어진 수행과제에서 익힌 기능 이상을 해내지 못한다는 것을 밝혀내었다. 비록 겉으로 보기에는 협동학습이 더 좋아 보일지라도 과제 수행에 집중하는 시간도 짧고 성취 수준도 더 나아지지 않는다는 것이다. 그것은 일반 학급(n = 2)은 혼합 능력의 협동학습인 반면에 영재 학급 두 반은 동질 능력 학급의 협동학습 집단이었다는 것을 주목해야 한다.

이러한 연구는 모두 Coleman, Gallagher와 Nelson(1993a)의 협동학습에 대한 교육자들의 지각 조사를 짚어 보게 한다. 301명의 영재교육과 관련되거나 협동학급 운동과 연관된 교육자들을 대상으로 인식 조사를 하였는데, 두 그룹은 협동학습의 효과에 대해서 상당한 차이를 보였다. 영재교육 관련자들은 협동학습 상황에서 교과과정이 영재학생들에게 도전적이지 못한 상태로 제공되고, 종종 또 다른 교사의 노력이 필요하게 된다고 보고하였다. 그러나 협동학습 관련자들은 협동학습 상황 속에서 영재학생들이 자기 존중감도 높게 가질 수 있고 팀의 리더가 되어 리더십 기술도 배운다고 하였다. 또한 Hernandez-Garduno(1997)는 협동학습을 양적으로 연구하였는데, 모든 집단에 대해 협동적으로 가르칠 때 경쟁적으로나 개별적으로 모두 자기 효능감과 성취에서 차이가 없다고 하였다. 영재학생들의 반응과 성취도를 볼 때, 협동수업보다 그냥 전체 수업에서 오히려 수학에 대한 태도도 긍정적이었고, 영재학생들의 자기 효능감도 더 나은 것으로 나타났다.

요약해 보면, 동질 집단 협동학습에 대한 연구는 커리큘럼이 적절하게 수정되고 차별화되었을 때에만 더 나은 성취를 한다는 것을 말하고 있다. 영재학생들만 있을 때는 자기 지각력과 사회성 발달에 긍정적 영향을 보여 주지는 못하지만 그렇다고 부정적 영향을 끼치지도 않는 듯하다. 혼합 능력 협동학습에 대한 연구에서는 어떤 타입도 영재학생들에게 별로 도움이 되지 않는다는 것을 알 수 있다.

수행에 따른 집단편성의 종류

수잔나와 안토니오는 모두 K-12 학교에 다니는 동안 어느 정도 수행에 따른 집단편성의 경험이 있었다. 일반적으로 다음과 같이 여섯 가지 종류로 나누어 볼 수 있다.

1. 특별 수업을 위한 재집단편성
2. 군집 집단편성
3. 수업 내에서의 유동적인 집단편성
4. 수행 능력이 비슷한 학생들의 협동수업
5. 혼합 학년/혼합 연령 집단편성
6. 자료실 풀아웃 심화학습 프로그램

수잔나는 학교에서 어린 나이에도 불구하고 읽기 능력이 우수하기 때문에 재집단편성이 되었고, 고등학교 때는 또 다른 교과 능력 때문에 재집단편성이 되었었다. 그녀가 받은 AP 코스는 재집단편성의 또 다른 형태이다. 그녀는 또한 어린 나이에 혼합 연령 학급에도 배치된 적이 있다. 안토니오는 초등학교 때 군집 집단편성을 경험하였고, 중학교 때에는 지속적인 혼합 연령 집단편성에 있었으며, 고등학교 때에는 다양한 재집단편성을 경험하였다. 이들은 모두 선천적인 능력 때문이라기보다는 특별한 과목에서 수행을 잘하였기 때문이라고 할 수 있다. 그리하여 일반적인 능력에 의한 집단편성과 수행에 의한 집단편성의 차이는, 전자는 잠재력에 기초하고 후자는 관찰이 가능한 수행에 기초를 두고 있다는 것이다. 이것은 또한 수행에 의한 집단편성에서의 차별화라는 것은 잠재된 능력을 계발시키는 데 있는 것이 아니라 일반 교과과정에서의 지식과 기술을 확장시키는 것에 기초를 둔다고 언급하였다. 이러한 집단편성에서는 재능발전에 초점을 맞추고 있기 때문에 동기화되지 않은 학습자나 미성취를 보이는 학생은 별로 해당되지 않는다고 할 수 있다.

특별 수업을 위한 재집단편성

특별 수업을 위한 재집단편성은 영재학생들의 필요를 채우는 방법 중에서는 가장 폭넓게 사용될 수 있을 것이다. 초등학교에서는 학생들의 교과과정 수준에 맞추어서 각각 단계별로 다른 교실에서 수업이 이루어질 수 있다. 교사 A는 학생들에게 『Over the Rainbow』를 읽게 하는 반면에 교사 C는 『Under the Bridge』라는 책을 읽게 하면서 가르칠 수 있다. 중학교에서는 AP 예비 코스나 국제 학사학위 예비 과정에서 더 높은 수준의 수업을 할 수 있을 것이고, 과목별로 우열반 등으로 나누어서 능력별로 수업을 할 수 있을 것이다. 고등학교에서는 국제 학사학위나 AP 코스에서 상위 수준의 수업이나 대학 수준의 수업이나 대학의 필수과목 등을 입학하기 전에 미리 수행하도록 할 수 있을 것이다.

Slavin(1987)의 이러한 집단편성에 대한 연구에서는 학생들이 재집단편성된 학급에서 제공된 교과과정의 수준이 자신에게 적절할 때 매우 효과적인 것으로 나타났다. 비록 이 집단편성은 모든 수준의 학생들에게 도움이 된다고 할지라도 영재학생들은 굉장한 발전을 하는 것으로 나타나는데, 재집단편성된 학생들은 1년 성취의 $1\frac{4}{5}$ 정도나 높은 수행을 보인다는 것이다. 하지만 이를 지지하는 연구는 실제로 지속적으로 속진이 이루어지고, 실제 교과과정보다 더 복잡해야 한다고 설명한다. 평균 수준이나 낮은 성취를 보이는 학생들은 교과과정이 수정될 때 긍정적인 성취를 보이기는 했으나 크게 증가하지는 않았다. Gamoran, Nystrand와 Berends(1990)는 학문적으로 우수한 8학년과 9학년 학생들을 대상으로 역사 수업과 영어 수업에서 재집단편성된 학급 학생들의 성취 수준을 살펴보았는데 학업 수행에 매우 효과적인 것으로 나타났다. 그러나 낮은 성취를 보인 학생들의 성취는 오히려 떨어진 것을 볼 수 있었다. 다시 말해서, 과목별 재집단편성은 우수한 학생들에게는 효과적이지만 성취 수준이 낮은 학생들에게는 그만큼 효과적이지 못하다는 것을 알 수 있다. 하지만 이로 인하여 학교 전체적으로 그리 성적 향상에 도움이 되지 않았다는 결론을 얻고 효과적이지 못하다고 단순하게 결론을 내리기에는 문제가 있다. 왜냐하면 모든 수준의 학생들에게 동시에 동일한 효과를 가져다주는 "만병통치약" 같은 교수 방법은 아마도 없을 것이기 때문이다. 모두에게 효과적이지 않았다고 해서 사용하지 않는다는 것은 논리적이지도 못한 일이다.

James와 Chen-Lin Kulik(1992)은 또한 수행 능력이 우수한 학생들이 재집단편성되고 교수 방법과 교과과정에 차별화가 적절히 이루어졌을 때 그 과목에 대한 학습 동기가 크게 개선되었으며, 특히 과학과 사회 수업시간에 매우 효과적이었다는 것을 밝혀내었다. 그러나 Kuliks는 학습 동기와 학교에 대한 태도도 지속적으로 좋아지는 것은 아니었음을 알아내었다.

군집 집단편성

시험이 그 과목에 대한 특별한 재능이나 지적 능력을 평가한다고 간주하고, 시험 성적으로만 소그룹의 영재학생을 선발하여 교과과정과 교수 방법에 차별화를 제공하고 나머지 시간에는 일반 그룹에서 수업하는 것이다. 이러한 군집 집단편성은 IQ보다는 비교적 두드러지는 수행에 의한 것이다. 예를 들면, 각 학년에서 수학 성적만 1등부터 8등까지 선발하여 집단을 형성하고, 읽기와 문학 부분에서도 8등까지 선발하여 두 번째 집단을 형성한다. 이 두 집단을 맡은 교사들은 최선을 다하여 맡은 과목에 차별화를 제공한다. 그래서 각 집단의 학생들은 각 과목에서 자신의 수준에 맞는 차별화된 수업에 참여하게 되는 것이다.

하지만 이러한 군집 집단편성에 대한 연구는 거의 없다. 그래도 재집단편성 시에 나타나는 학문적인 효과로 보나 다른 집단편성에서의 연구를 참고해 보면 우수한 수준의 학생들에게 적절한 차별화가 제공되었기 때문에 분명 긍정적인 효과가 있었을 것으로 미루어 볼 수 있겠다.

수업 내에서의 유동적인 집단편성

이 수행 집단편성에서 교사는 하고자 하는 내용에 대하여 학생들의 준비 수준에 따라 학생들을 소그룹으로 나눈다. 예를 들면, 가로와 세로의 개념을 잘 이해하지 못하는 "빨간 새"라는 소그룹이 있고 이들은 이를 극복할 수 있는 지도 기술이 필요하다. 이 그룹은 실제로 그 내용을 시작하기 전에 기본 개념을 익히는 시간이 필요하다. 지도에 대한 내용을 하기 위한 준비가 되어 있는 커다란 "파란 새"라는 그룹이 있다. 그리고 이 수업에서 할 내용을 이미 통달하고 있는 "노란 새"라는 그룹의 학생들이 있을 것이다. 그런데 이 그룹의 학생들에게는 지리학을 제대로 알도록 하기 위한 내용의 확장이 필요하다고 하겠다.

최근에 수업 내에서의 유동적인 집단편성에 대하여 지지하는 연구들이 다소 있다. Mously(1998)는 수학의 이해에 대한 교수 방법에서 교사의 역할에 대한 인식 조사를 위해 교사 인터뷰를 하였다. 그는 교사들이 쉽고 효과적으로 지도하기 위하여 수업 내에서의 유동적인 집단편성을 사용하는 경향이 있음을 밝혀내었다. 그들은 학습할 내용에 대하여 간단한 테스트를 사용하였고 그 시험 수행에 의하여 소그룹으로 학생들을 배치하였으며, 그 결과를 가르칠 내용과 방법에 대한 차별화 정도의 척도로도 사용하였다. 집단편성은 고정되어 있는 것은 아니었지만 그때 그때의 수준에 따라 구성되는 것이었다. Borton(1991)이 3학년과 4학년의 읽기와 수학에 대하여 영재학생과 일반 학생, 도움이 필요한 학생 세 그룹으로 나누어서 수행하도록 한 결과, 세 그룹 모두 1년 이상의 성취 효과를 본 것으로 나타났다. Lou 등(1996)은 수업 내에서의 유동적인 집단편성을 이용한 수업과 전체를 대상으로 한 전통적인 수업을 비교하였는데, 그 결과 수업 내에서 유동적으로 집단을 편성해 가면서 적절하게 차별화한 수업을 제공했을 때의 결과가 모든 수준의 집단에서 훨씬 긍정적인 것으로 나타났다. 또한 소그룹으로 나눌 때도 서로 다른 수준의 학생들을 같은 그룹으로 편성하는 것보다 비슷한 수준의 학생들을 같은 그룹으로 편성하는 것이 더 효과적이라고 하였다. Burnette(1999)는 읽기 교수에서는 3명에서 4명을 한 조로 만들 때 효과적이라고 하였는데, 그것은 단지 적절히 차별화되었을 때만을 의미한다. 자기 개념에 있어서도 Delcourt 등(1994)은 수업 내에서 유동적인 재집단편성에 속한 영재학생들이 특별 학교나 특별 학급 또는 풀아웃 프로그램에 있는 영재학생들보다 학문적인 자기 개념을 더 높게 가지고 있었다는 것을 알아내었다.

수행 능력이 비슷한 학생들의 협동수업

수행 능력이 비슷한 학생들의 협동학습에서는 각 교사들이 학생들을 그들의 수행 능력에 따라 협동수업 팀으로 구성하고, 차별화된 과제를 제공한 후 팀별로 같이 평가된다는 것을 알려 준다. 예를 들면, 전기 파트의 과학 영역 수업에서 과학을 가장 잘하는 학생 4명은 한 조가 되어 주어진 자료로 전기 시스템을 만들어 보고, 다른 나머지 학생들은 전기와 시스템에 대한 교과과정을 주어진 순서에 의하여 차근차근 배우게 되는 것이다.

지난 몇 년 동안 이러한 집단편성에 대한 연구가 수행되었다. Elmore와 Zenus(1994)는 수준 높은 영재학생들이 협동학습 모형 중 직소(jigsaw) 모형을 이용한 협동 집단보다 수행 능력이 비슷한 학생들끼리의 협동학습에서 속진을 할 때 훨씬 더 효과적이었다고 하였다. 이 방법을 사용할 때는 학생 개개인이 각각 협동 집단 안에서 서로 책임 맡을 부분을 나눈 후, 각자 학습한 것을 그 집단의 다른 학생들과 공유하는 것이다. 또한 낮은 성취를 보이는 학생들에게도 이러한 집단편성이 긍정적인 효과가 있다고 하였는데, 수준이 비슷한 학생들과 협동할 때 훨씬 더 효과적이었다고 하였다. Kanevsky(1985)가 컴퓨터 기반 수학 수업에서 경쟁적으로 또는 협동적으로 수행 그룹을 구성한 영재 학습자들의 수행 수준을 비교해 보았더니, 이들 초등학교 학생들은 협동적으로 하기보다는 짝을 지어 경쟁적으로 수행하는 것을 더 좋아하는 경향이 있었다. 영재교육을 성공적으로 실시하고 있는 다섯 개 학교를 대상으로, Coleman, Gallagher와 Nelson(1993b)은 이들 학교가 수행 능력이 우수한 학생들끼리 협동적으로 함께하도록 하는 경향이 있고, 그리하여 교육과정이 충분히 도전적이지 못하다는 불평이나 격리된다는 느낌에 대한 불평도 덜하다는 것을 발견하였다. Brush(1997)는 독립적인 학습 시스템의 학습 활동에 있어서 팀을 이루어 협동하는 것을 연구하였다. 교과과정은 학생 수준에 적절하게 맞추었고, 팀 구성을 한 단계 높은 수준의 학생과 낮은 학생으로 구성하기도 하고, 비슷한 수준끼리 구성하기도 하였다. 그런데 낮은 성취 학생들은 조금 높은 성취의 학생들과 짝을 지었을 때 더 집중하여 오래 수행하는 것을 볼 수 있었고, 마찬가지로 영재아들끼리 그룹이 되었을 때에도 더 오래 집중하는 것으로 나타났다. 그러나 성취 면에서는 각각의 협동 집단 사이에 차이가 나타나지는 않았다.

Carter, Jones, 그리고 Rua(2001)는 또한 교외 지역 학교의 5학년 학생들을 대상으로 과학 교육에서 협동하는 짝꿍의 효과를 살펴보았다. 여기에서 그들은 공부를 잘하는 학생과 못하는 학생이 짝을 이루었을 때와 과학에서 뛰어난 성취를 보였던 학생끼리 짝을 이루어 짝에게 의존하지 않을 때를 비교하였다. 그런데 전통적인 과학 시험에서 우수한 학생들은 짝이 누구였는지에 별로 영향을 받지 않는다는 것을 알게 되었다. Carter와 Jones는 1990년대에 이와 비슷한 연구를 몇 가지 수행하였다. 그러나 그들은 짝을 이루는 이러한 상황에서 높은 수행 능력을 보이는 학생들에게는 높은 성취에 어떠한 영향을 나타내지 못한다고 보고하였다. 연구자들은 오히려 수행 수준이 낮은 학생들에게 덜 돌아다닌다거나 공부에 집중하는 태도의 변화를 관찰하였다고 하였다. 그리하여 그들은 영재 학습자들이 지식을 다른 수준의 학습자와 다르게 습득하는 것은 아니라고 주장하였으나, 사실상 이러한 결론의 타당성을 위해서는 더 많은 연구가 필요하다고 하였다. 만약에 전통적인 시험으로 학생들을 측정하고 짝을 이루어 협동학습으로 수업이 진행된다면 거기에서는 수행 능력이 우수한 학생들이 어떻게 지식을 구성하는지를 거의 알 수 없을 것이기 때문이다. Hollingsworth와 Harrison(1999)은 책을 읽을 때 유창하게 읽는 것과 정확히 이해하는 부분에서 짝을 지어 협동적으로 수행하는 그룹과 그냥 전체 학급의 읽기 수업을 비교하였다. 1학년 학생들을 대상으로 책을 잘 읽는 학생과 잘 못 읽는 학생을 짝을 지어 비교하였다. 일반적으로 연구자들은 둘씩 짝을 이루는 경우가 전체 읽기 수업에서보다 읽기 능력이 더 많이 향상된다고 보고하고 있다. 특히 성취가 낮았던 학생들의 경우에 더하였으나, 우수한 학생들도 전체 집단 수업에서보다 이렇게 짝을 이루는 시스템 안에서 좀 더 높은 성취를 이룬다고 보고하였다.

혼합 학년/혼합 연령 집단편성

혼합 학년/혼합 연령 집단편성은 학생들이 고학년 수준에 가거나 또는 학년이 규정되지 않은(혼합 학년) 학급에 가게 되는 것을 말한다. 그들은 기능적으로 자신의 수준에 맞게 공부를 하게 되는 것이다. 예를 들면 4학년 학생이 잘하는 과목에 대하여 6학년 교실로 보내질 수 있고, 또 낮은 성취를 보이는 학생은 2학년으로 보내질 수도 있다. 이러한 교수 형태를 위해서는 학교가 각각의 수업마다 반드시 세부적인 일정을 신중하게 결정지어야 한다. 모든 학년이 동시에 수학을 하고, 그래서 학생들이 자유롭게 적절한 수준에 맞는 수학 수업에 참여할 수 있도록 한다. 이러한 전략으로 다양한 연령 속에서 각각 자신의 기능을 하게 되고, 개개인의 속도와 능력에 따라 학습하게 된다. 그러나 학생들의 그룹이 아무리 작을지라도 교과과정은 모두 일정하게 진행되어야 한다.

1987년 이래로 혼합 학년/혼합 연령 집단편성에 대한 연구는 긍정적이었다. 영재 아동들에게뿐만 아니라 모든 학생들에게 긍정적이었다. Slavin(1987)은 교과과정의 수준에 따라 읽기 수업을 위해 학생들이 이동했을 때, 읽기 수준에 있어서 모든 수준의 초등학교 학생들에게 유효지수가 .45라고 보고하고 있다. 예를 들어, 4학년 이상의 읽기 능력이 있는 4학년 학생은 더 높은 수준의 학급에서 수업하고 못 따라가는 학생은 좀 더 낮은 학년에 가서 수업하는 것이다. 그는 또 수학 수업에서는 유효지수가 .46이었다고 보고하였다. Rogers(1991)는 무학년의 다양한 연령이 함께 수업하는 교실에서 그들이 수용할 수 있는 수준으로 옮겨 다니는 상황 속에서 영재학생들은 모든 학문적인 영역에서 1년 동안 유효지수가 .38이었다고 보고하고 있다. Lloyd(1999)는 다양한 연령이 있는 학급에서 수업을 하는 교사는 더 우수한 능력을 가진 학생들을 위해 차별화하고 그들을 촉진시키는 경향이 나타났다고 주장하였다. 그는 또한 영재 학습자들이 이러한 학급에서 더 높은 학문적 성취를 한다고 보고하였다. 또한 그들의 사회적·정서적인 발전에도 작지만 긍정적인 영향이 있었다고 하였다.

Hafenstein, Jordan과 Tucker(1993)는 영재 학습자들이 영재 학교에서 혼합 연령 집단에 있을 때의 효과를 연구하였다. 그들은 일반적으로 긍정적인 자기 개념을 가지고 있는 것으로 나타났으며, 이러한 교실의 교사들은 학생들이 학문적인 면과 동시에 리더십도 성장한다고 보고하였다. Burns & Mason(2002)은 혼합 학급이 있는 200개의 초등학교에서 연구를 실시하였는데, 더 높은 능력과 성취를 보이는 학생들과 독립심이 강한 학생들을 따로 묶고 영재 학급을 만들었을 때, 혼합 학급에 있는 학생들이 더 많이 선발되었다. 이것은 학교 안에서 그러한 학습이 결정될 때 조심스러운 배려가 절실히 필요함을 시사한다.

자료실 풀아웃 심화학습 프로그램

특별한 영역에서 두드러지는 재능을 가진 학생들을 대상으로 재능을 발전시키기 위해서 특별하게 단시간 풀아웃 프로그램에 선발되어 자료실 풀아웃 프로그램에 참여해 왔다. 예를 들어, 가장 창의적인 글쓰기 능력을 가진 아이가 6주 동안 작가들이 창의력을 확장시키고 발전시키기 위해서 실시하는 워크숍에 참여하거나, 또는 그 학년에서 과학을 가장 잘하는 학생이 어떤 하나의 과학적인 현상에 대하여 그 문제를 해결하기 위한 실험을 고안하는 방법을 배우기 위해 한 학기 동안 대학교에서 과학자와 함께 과제를 수행할 수도 있는 것이다.

이미 지난 10년 동안 이러한 프로그램에 대한 많은 자료가 출판되었고 학문적인 성과를 바탕으로 한 자료들이 적지만 수집되었다. Vaughn 등(1990)은 이미 있는 연구들의 메타분석을 하였는데 풀아웃 프로그램의 초점이 직접적인 학교 교과과정의 학문적인 지적 능력의 향상일 때, 그 학문적인 성취 효과는 상당히 큰 것으로 나타났다. Lim(1994)은 싱가포르의 7~10학년 영재학생들이 저널 쓰기 풀아웃 프로그램에 참여함으로써 자기 존중과 자기 개념에 긍정적인 발전을 가져왔다고 하였다. 그러나 이 학생들은 이러한 프로그램이 일반 교육과정을 확장하기 위해 고안된 것일지라도 실제로 학교교육과 상관이 없다고 여기는 것으로 나타났다.

학교에서 가장 적합한 집단편성의 선택과 실행

최근 연구를 통하여 학교에서는 그 목적과 상황을 잘 고려하여 집단을 편성하면 영재학생들에게 매우 효과적인 집단편성이 될 수 있다는 것을 알 수 있다. 그런데 학교가 어떻게 하면 가장 좋은 집단편성의 형태를 선택할 수 있을까? 이 결정에 도움이 되는 세 가지 고려사항이 있다.

1. 행정 요소
2. 교사 요소
3. 교과과정 요소

행정 요소

학교 행정의 태도는 이러한 프로그램들을 잘 실행하도록 하느냐 그렇지 않느냐에 매우 중요한 역할을 한다. 여기 설명된 연구만으로도 어떠한 집단편성이 행정가들에게 좀 더 인기 요소가 되는지를 알 수 있다. 자료실 풀아웃 프로그램처럼 실행하기 쉽고 영재학생들에게 나타나는 효과도 두드러지는 집단편성이 행정가들이 공식적으로 추천하는 집단편성인 것이다. 군집 집단편성과 같은 더 복잡한 프로그램은 비록 영재학생들이 매일 모든 학문적인 영역에서 차별화되고 효과적이며 지속적인 편성일지라도 과시하기가 좀 더 어렵다. 행정가들은 각 집단편성에 관하여 그 장단점을 공부할 필요가 있다. 데이터에 의해 처리되고 결과에 의존적인 결정을 하는 이 시대에 행정가들에게는 다양한 집단편성을 지지하는 연구가 많아 선택의 여지가 많아졌으며, 이로 인하여 더 높은 학문 성취를 위해 보다 일찍, 보다 효과적으로 제공될 수 있게 되었다. 그러나 집단편성이 선택되더라도 참여하는 인원, 시설과 자료, 스케줄 조정, 필요한 자원의 연결, 그리고 대중에게의 어필은 반드시 행정가와 함께 신중하게 결정되어야 한다. 아무도 뒤처지게 하지 않는다는 것을 모토로 삼고 있는 이 시대에 학생들의 학문적 성취를 위해 어떤 집단편성을 선택하고 노력하는지는 벤치마킹하는 학교에서 이루어졌던 결과만큼 기대하게 되는 것이다. 행정가들은 영재학생들의 필요를 채워 주고 싶어하지만, 그렇다고 어떤 집단편성을 선택할 때 학교의 다른 부분에는 피해를 입히는 것을 감수하면서 선택하지는 않는다는 것이다. [표 1]은 학교에서 집단편성을 선택할 때 요구되는 사항에 대하여 자세히 설명하고 있다.

두 번째 행정 요소는 학생의 수인데, 집단편성 선택과 밀접한 관계가 있다. 군집 집단편성은 좋은 아이디어일 수 있지만, 만약 한 학년에 두 개 정도밖에 없는 학교라면, 그래서 세 명 정도만 군집 학급으로 묶을 수 있는 아주 작은 학교라면, 가장 적절한 선택 사항이 아닐 뿐만 아니라 영재만 모아서 집단을 구성하는 것이 경제적으로 실행하기 어렵기도 한 것이다. 너무 작은 학교의 경우는 수업 내에서의 유동적인 집단편성이나 혼합 학년/혼합 연령 집단편성, 자료실 풀아웃 심화학습 프로그램 등이 더 나을 수 있다.

세 번째 행정 요소에서 고려할 사항은 판별 과정과 관련이 있다. 학교가 집단편성을 선택할 때 첫 번째 단계는 이 학교에 어떤 종류의 영재성이 있는 학생들이 특별한 교육의 필요를 두드러지게 나타내고 있는가를 아는 것이다. 학교에 잠재적 가능성은 많지만 충분한 성취를 이루지 못하는 미성취 학생들이 많은지, 예를 들어 학교 밖에서의 심화 과정에 갈 기회가 전혀 없거나 경제적으로 어려운 아이들이 많은가 하는 것이다. 만약에 그렇다면, 선발은 수행보다 잠재력에 근거를 두고 이루어져야 한다. 그러나 학교에 수학을 무척 잘하는 학생들이 아주 많거나 읽기를 잘하는 학생들이 많을 때에는 수행을 중심으로 선발하여 집단편성을 고려해야 할 때도 있다. 타고난 잠재 능력을 평가하기에는 스탠퍼드-비네 V, 아동용 웩슬러 지능 검사 IV(WISC-IV), 또는 아동용 카프만 검사(K-ABC), 우드콕-존슨 평가 스케일 등이 있다. 충분한 난이도로 천정 효과가 없으며 읽기·쓰기 능력에 별로 영향을 받지 않는 것이 특징이다. 집단 지필검사는 잠재력은 높지만 잘 발휘하지 못하는 학생들을 알아보지 못하는 경향이 있다.

행정가가 우수한 수행을 알아볼 수 있는 몇 가지 방법이 있다. (1) 학교와 지역의 교육과정에 맞게 개발된 배치고사를 사용하거나, (2) 노스웨스트 교육 평가(NWEA)와 같이 직접 개발한 표준화된 검사, 또는 (3) 캘리포니아 성취검사(CAT)나 아이오와 기초능력검사(ITBS), 스탠퍼드 성취검사와 같이 국가적으로 표준화된 검사 등을 사용하면 된다. 특별히 고학년 학생들을 평가할 때 적당하며 구체적으로 학년에 적절하게 운영되어야 한다. 마지막 두 검사는 지역에 맞게 새로 개발되는 검사보다 노력이나 비용 면에서 용이한 편이며, 학년보다 높은 수행을 하는 학생을 잘 평가하기도 한다. 예를 들어 국가적으로 표준화된 시험은 현재 전형적으로 제공되는 해당 학년 수준보다 규준이 더 확장되고 있다.

교사 요소

성공적인 집단편성이 이루어지려면 교사가 그것에 대하여 어떻게 인식하고 실행하는지도 매우 중요한 역할을 한다. [표 1]에서 강조하듯이 각 학교의 교사는 어떤 집단편성이든지 가장 중요한 역할을 한다. 하지만 한 학년이나 여러 학년에서 한 명 또는 몇 명의 교사들이 서로 조화를 이루어 성공적으로 잘할 때도 있고, 그렇지 않을 때도 있다. 이것은 교사가 특별한 집단편성을 위해서는 별도의 노력을 기울일 필요가 있음을 의미한다. 또한 다양한 연구들이 각 집단편성에 대하여 어떻게 지지하는지를 알아보고 각 집단편성에서 그들의 역할에 대해서도 고심해 볼 필요가 있다.

영재학생들에 대한 교사들의 이전 배경 지식과 경험은 집단편성의 적용에 있어서 성공의 또 다른 중요한 역할을 하게 된다. 만약에 교사가 그전 어느 학교에서 자료실 풀아웃 프로그램을 수행하는 것

[표 1] 학교에서의 집단편성 활용을 위한 요구 사항

영재교육 형태	일반 교사의 역할	영재 담당 교사의 역할
전일제 능력별 집단편성—학생들은 그들의 능력에 따른 특별한 학교, 학교 내 학교, 풀타임 영재 프로그램 또는 마그넷 학교 등에 배치된다.	일반 교사는 영재 학습자들을 위한 차별화된 교수 방법과 교과과정에 대해 훈련받았으며, 그 지역 내에서만 이동한다.	일반 교사들에게 교사 연수와 함께 차별화된 자료를 제공하고 일반 교사들이 적절히 적용할 수 있도록 도와주며 비판적인 사고, 창의적인 산출물 같은 영역에서 직접 지도하는 등 협동적으로 책임을 수행한다.
군집 집단편성—각 학년마다 학문적으로 영재성을 나타내는 학생들 5~8명을 한 교사가 맡아서 학년 수준에 맞은 내용과 함께 어느 정도의 시간을 할애하여 차별화된 수업을 제공하는 것이다. 나머지 학생들은 혼합 능력의 학생들이며, 수학을 위한 군집 집단의 학생들은 한 교실에서 따로 수업을 하고 읽기/문학 등은 또 다른 교실에서 따로 수업이 이루어지기도 한다.	학년별로 교사 한 명은 적어도 영재학생들에게 어떻게 차별화해야 하는지를 훈련받아야만 하고 기꺼이 참여해야 한다. 모든 학문 분야는 이 군집 집단을 위해 차별화될 것이다.	군집 집단의 교사에게 풍부한 소재와 재배치된 단원, 협동적인 교수 방법이 제공된다.

[표 1] 학교에서의 집단편성 활용을 위한 요구 사항 (계속)

영재교육 형태	일반 교사의 역할	영재 담당 교사의 역할
비판적 능력/창의적 기술이나 학문적 풀아웃 심화 확장–각 학년에 있는 영재학생들은 비판적인 사고기술과 창의적인 기술 또는 일반 과목의 심화 및 확장을 위해서 이 프로그램에 보내지게 된다. 어떤 특정한 한 분야에 초점을 맞추게 된다.	영재학생들이 풀아웃 프로그램에 자유롭게 참여할 수 있도록 일반 교육과정을 압축한다.	해마다 교과과정의 심화에 초점을 맞추어 풀아웃 형태를 실행할 수 있다. 이러한 초점에 맞추어서 풍부한 경험을 고안하여야 한다.
같은 수준의 능력과 수행을 가진 학생들의 협동 집단편성–각 교사는 그 학급에서 가장 똑똑하거나 수행이 뛰어난 학생들을 집단으로 구성하여 차별화된 협동적인 임무를 수행할 수 있도록 한다.	교사들은 일반 교과과정 결과의 숙련정도를 미리 평가하고 능력이나 수행이 비슷한 학생들끼리 집단을 편성하여 차별화된 과제를 제공한다.	일반 교사들이 사전 평가을 하고 협동학습을 대체하고 직접 가르치거나 감독하며 필요하면 교사들과 협동하여 제공해야 한다.
특별 수업을 위한 재집단편성–같은 학년의 모든 학생들은 과목별로 성취 수준에 따라(예를 들면 수학이나 읽기) 집단이 재편성된다.	각 학년의 각 교사는 어떤 특별한 과목의 일정한 수준에 대해서 그 집단의 학생들에게 차별화를 제공하여야 한다.	풍부한 자료와 단원을 제공하거나, 필요하면 같이 협동하여 수업을 하여야 한다.

[표 1] 학교에서의 집단편성 활용을 위한 요구 사항 (계속)

영재교육 형태	일반 교사의 역할	영재 담당 교사의 역할
학급 내에서의 집단편성—교사는 가르칠 내용과 과정을 위한 학생들의 준비도에 따라 집단을 분류하고 차별화된 교육과정과 교수를 실시한다.	교사는 교과과정의 숙련 정도를 미리 평가하고 학생들의 준비도에 따라 각각의 소집단에게 차별화된 과제를 제공한다.	사전 평가, 대체 단원, 직접 교수, 감독 등을 제공하고 필요하면 교사와 함께 협동 지도를 한다.
혼합 학년 집단편성—모든 학년이 같은 시간에 특정 과목을 배우게 하여 모든 학생들이 현재의 자기 학년에 상관없이 능력과 수준에 맞는 수업에 참여할 수 있다.	각 교사는 정해진 학년의 교과과정을 가르친다. 대부분의 경우 실제 학년의 것을 가르치지 않지만 더 낮은 수준으로 가르친다는 논쟁을 피하기 위해 노력할 것이다.	해당 학년의 확장된 내용을 제공한다. 이것은 사전 평가를 통하여 학년에 상관없이 능력만 되면 수준에 맞게 학생들을 배치한다.
혼합 연령 집단편성—한 교실에 두 개 혹은 그 이상의 학년을 포함하여 언제든지 능력이 되고 준비만 되면 많은 양의 교과과정을 성취할 수 있다.	교사는 사전 평가를 통하여 학생들이 어디에서부터 시작할 수 있을지를 확인하여 지속적으로 발전할 수 있도록 해 준다.	해당 학년의 확장된 내용을 제공한다. 사전 평가를 할 수 있도록 도움을 주고 학년에 상관없이 능력만 되면 수준에 맞게 학생들을 배치한다.

을 오래 보아 왔다면, 이 교사는 이 모델을 "영재교육 프로그램"의 본보기로 생각하고 뛰어난 학생들을 위한 차별화에 대한 책임을 맡게 되었을 때 현재의 상황을 고려하지 않은 채 자료실 풀아웃 프로그램을 무리하게 실시하게 될 것이고, 교사는 수행 부담과 책임에 대한 중압감을 견디기 어려워질 것이다. 또한 영재학생들에 대한 좋지 않은 경험을 가진 교사라면 일차적으로 부정적인 생각을 하게 될 것이고, 어떤 형태로든 영재학생들에게 특별한 교육이 제공되는 것을 꺼리게 될지도 모른다. 만약 영재 학습자와는 별로 상대해 본 경험이 없는 교사라면 차별화를 해야 한다는 필요성을 인식조차 못할지도 모른다. 사실상 집단편성을 선택할 때 실행하고 변화시키기 이전에 교사가 준비되는 것이 우선되어야 한다는 것을 기억해야 할 것이다. 교사는 어떤 집단편성을 선택할 때 교사가 가지게 될 책임감에 대해 먼저 인지하여야 한다. [표 1]은 이러한 선택 과정에서 결정하는 데 조금은 도움이 될 것이다.

교육과정 요소

집단편성의 종류를 선택하는 데 있어서 대부분의 경우 학생들을 어떻게 집단으로 구성할 것인지보다는 학습할 것이 "무엇"인가가 훨씬 더 중요하다. 차별화된 교과과정에 필요한 자료를 준비하거나 교사 연수 등을 통하여 교사에게 도움을 주기 위한 재정이 충분한가? 만약에 그렇지 않다면, 적절하게 차별화된 학습 경험을 제공하는 것이 아니라 학생들에게 "같은 것을 위해 더" 요구하는 결과를 낳을 수밖에 없다는 것이다. [표 2]는 각 집단편성의 종류 안에서 잠재 능력이 뛰어난(영재) 학생과 수행 능력이 뛰어난(재능) 학생들에게 제공되는 교과과정의 형태와 경험에 대해 설명하고 있다. 학교에서 제공할 수 있는 시설 및 기자재, 그리고 이미 가지고 있는 교육 자료들은 가장 적절한 집단편성을 선택하는 데 도움이 된다. 좋은 소식이라고 할 만한 것은 이미 좋은 자료가 많이 나와 있다는 것이다. 윌리엄 앤 메리 대학에서 만든 초등학교 2학년부터 고등학교 1학년까지의 과학, 사회과학, 언어 등의 자료와 프리 스피리트 출판사, 그레이트 포텐셜 출판사, 프루프럭 출판사, 트릴리엄 출판사 등에서 만들어진 자료 등이 있다.

집단편성 선택에 있어서 중요한 점은 영재학생들에게 특별한 기회를 제공하고 독립적으로 학습할 수 있는 기회를 제공하는 것이 필수적이라는 것이다. 학문적인 성취를 돕고 사회성 발달에도 도움이 되며 독립적인 연구 수행까지 하도록 해 주는 최선의 방안을 찾기는 어렵다. 그럼에도 불구하고 그것은 매우 필요한 것이다. [표 2]에 나타난 것과 같이 개인적인 프로젝트나 독립 연구 등은 집단편성 안에서 유동적이고 효과적으로 이루어질 수 있다.

마찬가지로, 학교가 어떤 집단편성을 선택하더라도 학생들의 성취와 학생들의 학습, 학교에 대한 태도를 정기적으로 평가하여 효율적으로 선택하는 데 반영하는 것이 중요하다. 아무리 기대했던 만큼 효과지수가 높지 않더라도, 교과과정의 차별화와 사용된 집단편성의 질적 효과에 대한 평가, 재평가는 매우 중요하다. 행정가들과 교사들은 선택한 집단편성에서 효과를 보았는가? 왜 그렇거나 그렇지 못한가? 학생들은 경험을 통해서 흥미 있었다고 하는가? 부모들과

[표 2] 각 집단편성에 대한 적절한 교과과정

집단편성	습득해야 할 내용/지식	개발해야 할 기술
전일제 능력별 집단편성	수학과 과학에서의 속진, 개방형 문제, 사람에 대한 연구, 탐구 방법, 예술에 기초한 훈련-역사·심미학, 사회적 이슈 토론, 리뷰를 위한 게임, 치료를 위한 개인교수, 소그룹 프로젝트, 독립 연구 프로젝트, 일대일 지도, 고전문학, 세계적인 철학·수학·과학·사상·역사, 일반 학문 분야에서의 도전, 통합교과 단원, 개념적인 토론, 딜레마, 내용과 개념의 부분·전체 조직	발견학습, 상위 사고, 탐구학습, 창의적인 문제 해결 과정, 비판적인 사고 기술, 창의적인 산출물 기술, 의사소통 기술, 자기 주도적 기술, 자기 자각, 자기 개념 기술, 사회화 기술, 조직화/시간 관리 기술, 문제 해결 기술, 목표 설정 기술, 직관적 표현력, 기억 능력, 증명과 추론, 산출물의 변형, 갈등 해결 기술
능력에 따른 군집 집단편성	모든 학문적 과목에서의 확장, 수학과 과학에서의 속진, 개방형 문제, 사람에 대한 연구, 탐구 방법, 예술에 기초한 훈련-역사·심미학, 사회적 이슈 토론, 리뷰를 위한 게임, 치료를 위한 개인교수, 소그룹 프로젝트, 독립 연구 프로젝트, 고전문학, 세계적인 철학·수학·과학·사상·역사, 일반 학문 분야에서의 도전, 통합교과 단원, 개념적인 토론, 딜레마, 내용과 개념의 부분·전체 조직	발견학습, 상위 사고, 탐구학습, 창의적인 문제 해결 과정, 비판적인 사고 기술, 창의적인 산출물 기술, 의사소통 기술, 자기 주도적 기술, 자기 자각, 자기 개념 기술, 사회화 기술, 조직화/시간 관리 기술, 문제 해결 기술, 목표 설정 기술, 직관적 표현력, 기억 능력, 증명과 추론, 산출물의 변형, 갈등 해결 기술

[표 2] 각 집단편성에 대한 적절한 교과과정 (계속)

집단편성	습득해야 할 내용/지식	개발해야 할 기술
능력에 따른 풀아웃 집단편성	개방형 문제, 사람에 대한 연구, 탐구 방법, 예술에 기초한 훈련–역사·심미학, 사회적 이슈 토론, 소그룹 프로젝트, 독립 연구 프로젝트, 고전문학, 세계적인 철학·수학·과학·사상·역사, 통합교과 단원, 개념적인 토론, 딜레마	발견학습, 상위 사고, 탐구학습, 창의적인 문제 해결 과정, 비판적인 사고 기술, 창의적인 산출물 기술, 의사소통 기술, 자기 주도적 기술, 자기 자각, 자기 개념 기술, 사회화 기술, 조직화/시간 관리 기술, 문제 해결 기술, 목표 설정 기술, 직관적 표현력, 기억 능력, 증명과 추론, 산출물의 변형, 갈등 해결 기술
동질 능력 협동 집단	개방형 문제, 사람에 대한 연구, 탐구 방법, 예술에 기초한 훈련–역사·심미학, 사회적 이슈 토론, 소그룹 프로젝트, 독립 연구 프로젝트, 고전문학, 세계적인 철학·수학·과학·사상·역사, 통합교과 단원, 개념적인 토론, 딜레마	발견학습, 상위 사고, 탐구학습, 창의적인 문제 해결 과정, 비판적인 사고 기술, 의사소통 기술, 자기 주도적 기술, 자기 자각, 자기 개념 기술, 사회화 기술, 조직화 기술, 문제 해결 기술, 직관적 표현, 기억 능력, 증명과 추론, 산출물의 변형, 갈등 해결 기술
특별수업을 위한 수행 능력에 따른 집단편성	수학·과학에서 속진, 발표, 개념적 숙달 속진 내용, 개념의 부분에서 전체로의 확장 조직	문제에 기초한 학습, 시스템적인 피드백, 계획 기술, 개인적인 목적 만들기, 기억 능력, 산출물의 변형

[표 2] 각 집단편성에 대한 적절한 교과과정 (계속)

집단편성	습득해야 할 내용/지식	개발해야 할 기술
특별수업을 위한 수행 능력에 따른 집단편성	개방형 문제, 사람에 대한 연구, 탐구 방법, 예술에 기초한 훈련–역사·심미학, 사회적 이슈 토론, 소그룹 프로젝트, 독립 연구 프로젝트, 고전문학, 세계적인 철학·수학·과학·사상·역사, 통합교과 단원, 개념적인 토론, 딜레마	산출물 평가를 위한 실제 청중, 개인적인 벤치마킹 상황
수행에 의한 군집집단	개방형 문제, 사람에 대한 연구, 탐구 방법, 예술에 기초한 훈련–역사·심미학, 사회적 이슈 토론, 소그룹 프로젝트, 독립 연구 프로젝트, 고전문학, 세계적인 철학·수학·과학·사상·역사, 통합교과 단원, 개념적인 토론, 딜레마	발견학습, 탐구학습, 창의적인 문제 해결 과정, 창의적인 산출물 기술, 의사소통 기술, 자기 방향적 기술, 자기 지각력, 자기 개념적 기술, 조직화/시간 관리 기술, 문제 해결 기술, 직관적인 표현, 기억 능력, 증명과 추론, 산출물의 변형
학급 내에서의 집단편성	개방형 문제, 사람에 대한 연구, 탐구 방법, 예술에 기초한 훈련–역사·심미학, 사회적 이슈 토론, 소그룹 프로젝트, 독립 연구 프로젝트, 고전문학, 세계적인 철학·수학·과학·사상·역사, 통합교과 단원, 개념적인 토론, 딜레마	발견학습, 탐구학습, 창의적인 문제 해결 과정, 창의적인 산출물 기술, 의사소통 기술, 자기 방향적 기술, 사회화 기술, 자기 지각력, 자기 개념적 기술, 조직화/시간 관리 기술, 문제 해결 기술, 직관적인 표현, 기억 능력, 증명과 추론, 산출물의 변형

[표 2] 각 집단편성에 대한 적절한 교과과정 (계속)

집단편성	습득해야 할 내용/지식	개발해야 할 기술
비슷한 수행 능력을 가진 협동 집단	재능 있는 분야의 학습 참여, 선행학습, 과목 속진, 새로운 정보 학습을 위한 게임 교수, 복잡화, 학습 계약, 유동적인 요구 사항과 데드라인, 자기 교수적 소재, 재능 영역의 지속적인 도전	발견학습, 탐구학습, 창의적인 문제 해결 과정, 의사소통 기술, 자기 방향적 기술, 사회화 기술, 조직화/시간 관리 기술, 문제 해결 기술, 산출물의 변형, 갈등 해결 기술
혼합 학년 다연령 집단	선행학습, 과목 속진, 지속적인 재능을 보이는 분야에서의 도전, 재능 영역에서의 학습의 관찰, 학습 계약, 자기 교수적 소재	발견학습, 탐구학습, 의사소통 기술, 자기 주도적 학습, 자기 지각, 자기 개념적 기술, 사회화 기술, 조직화/시간 관리 기술, 문제 해결 기술, 직관적인 표현, 증명과 추론, 산출물의 변형, 갈등 해결 기술
풀아웃 심화학습 집단	재능 영역의 학습 시간의 관찰, 선행학습, 새로운 정보의 학습을 위한 게임 교수 강의-집중된 정보 전달, 재능 영역의 일대일 튜터링, 재능 영역에 초점을 맞춘 도전, 산출물을 위한 실제 청중, 재능 발전, 재능의 전시/경쟁	발견학습, 탐구학습, 창의적인 산출물 기술, 의사소통 기술, 자기 주도적 기술, 자기 지각, 자기 개념적 기술, 사회화 기술, 조직화/시간 관리 기술, 문제 해결 기술, 직관적인 표현, 산출물의 변형

사회 단체들은 적용한 선택 사항을 지지하는가? 만약에 위의 모든 질문에 그렇다는 대답을 할 수 있다면 그것은 성공적인 실행을 위해 다시 적용해 볼 수 있겠다.

맺는말

여기에서는 어떻게 부모와 교육 행정가들이 영재학생들의 능력과 재능에 맞는 집단편성을 할 것인지 그 종류를 간단히 설명하였다. 그것은 매우 중요한 주제가 되고 있다. 사실 최근 몇 년 동안 몇몇 책과 논문에서 이러한 전략에 대하여 기술하고 있다. 이러한 출판물은 뒤의 자료 목록에 어느 정도 제시되기도 하였다. 집단편성과 관련된 구체적인 정보를 제공하는 웹사이트도 목록으로 제시되어 있다. 이 자료 목록은 영재아들의 집단편성을 위하여 학부모와 교사들에게 연구에 기초한 전략을 제공하는 가장 좋은 방법이 될 것이다.

사례 연구 해답

첫 번째 사례의 해답 – 수잔나

1. 1학년에서 가장 수준 높은 읽기 교실 참여

   특별 과목에 대한 재집단편성 배치

2. 각 학년별 최우수 읽기 그룹 참여

   특별 과목에 대한 재집단편성 배치

3. 자료실 풀아웃 프로그램 참여

   풀아웃 심화 프로그램 편성 배치

4. 읽기와 수학 모두에서 월반

   혼합 학년 재집단편성 배치

5. 자기 스스로 자신의 능력과 흥미에 맞추어서

   무집단편성 배치

6. 영재 세미나 수업 참여

   풀아웃 심화 프로그램 편성 배치

7. 수학 속진 학급 참여

   특별 과목에 대한 재집단편성 배치

8. 영어, 사회, 과학의 우등반 참여
   특별 과목에 대한 재집단편성 배치
9. AP 프로그램 참여
   AP 수업 재집단편성 배치
10. AP 학급 참여
   AP 수업 재집단편성 배치

두 번째 사례의 해답—안토니오

1. 8명의 최우수 아동을 위한 수업 참여
   군집 집단 교실 배치
2. 두 개의 협동적인 소그룹 참여
   비슷한 능력의 협동 집단 배치
3. 단기 심화수업 참여
   외부의 심화학습 프로그램 배치
4. 상위 영재 프로그램 참여
   혼합 연령 특별반 배치
5. 6, 7, 8학년 학생들이 모인 학급 참여
   혼합 연령 재집단편성 배치
6. 국제 학사학위 프로그램 참여
   국제 학사 재집단편성 배치
7. 지역 대학에서 제공하는 수업 참여
   고등학교 내 대학의 재집단편성 배치

더 읽을거리

출판물

Assouline, S., & Lupkowski-Shoplik, A. (2005). *Developing math talent: A guide for challenging and educating gifted students*. Waco, TX: Prufrock Press.

영재학생들을 위한 수학 교수 가이드

Brody, L. E. (Ed.). (2004). Grouping and acceleration practices in gifted education. In S. M. Reids (Series Ed.), *Essential reading in gifted education*. Thousand Oaks, CA: Corwin Press.

지난 25년 동안 이루어진 영재아들에 관한 연구 논문 중에서 속진과 집단편성에 대한 논문만을 수록한 모음집이다.

Colangelo, N., & Davis, G. A. (2003). *Handbook of gifted education* (3rd. ed.) Boston: Allyn and Bacon.

이 책은 영재교육 분야의 전문가들이 쓴 영재교육의 쟁점이 되는 주제들을 비교해 놓았다.

Corwin, M.(2000). *And still we rise: The trials and triumphs of twelve gifted inner-city high school students*. New York: Willam Morrow.

이 보고서는 로스앤젤레스 도시의 고등학교에 있는 영재 대상 교사들의 어려움을 묘사하고 있다.

Kenny, D. A. Archambault, F. X., Jr., & Hallmark, B. W. (1995) *The effects of group composition on gifted and non-gifted elementary students in cooperative learning groups* (Research monograph). Storrs, CT: University of Connecticut.

이 전공 논문은 과학 수업시간에 이루어진 능력별 집단편성과 혼합 능력 협동학습을 비교하고 있다.

Kulik, J. A. (1992) *An analysis of the research on ability grouping: Historical and contemporary perspectives*. Storrs, CT: The National Research Center on Gifted and Talented.

이 연구는 능력별 집단편성이 실제로 영재 학습자의 성취에 얼마나 결정적인 역할을 하는지를 논의하고 있다.

Loveless, T. (1998). *The tracking and ability grouping debate*. Dayton, OH: Fordham Foundation.

이 책은 모든 능력별 집단편성에 대하여 풀타임과 파트타임의 능력별 집단편성에 대한 연구를 균형적으로 검토하고 있다.

Mathews, D. J., & Foster, J. F. (2005). *Being smart about gifted children: A guidebook for parents and educators*. Scottsdale, AZ: Great Potential Press.

영재아들의 필요에 가장 적합한 실행과 영재에 대한 주된 논쟁, 의문, 기원 등을 포함하여 실행전략을 알려 주는 책이다.

Olenchak, R. O. (1998). *The say my kid's gifted, now what? Ideas for parents for understanding and working with schools*. Waco, TX: Prufrock Press

부모들이 자녀들을 위한 적절한 교사와 영재 프로그램을 선택하는 데 쉽게 도움이 되는 책이다.

Rogers, K. (1991). *The relationship of grouping practices to the education of the gifted and talented learner: An excutive summary*. Storrs, CT: The National Research Center on the Gifted and Talented.

이 메타 평가는 능력과 수행에 따른 집단편성에 대한 연구 13개를 분석하고 있다.

Rogers, K. B. (2002). *Re-forming gifted education: Matching the program to the child*. Scottsdale, AZ: Great Potential Press.

이 책은 집단편성과 속진, 영재학생들에게 사용된 개별화된 훈련을 비교연구하고 있다.

Smutny, J. F. (2002). *Stand up for your gifted child: How to make the most of kid's strengths at school and at home*. Minneapolis, MN: Free Spirit Publishing.

영재학생들의 학문적인 성취를 위한 차별화의 종류를 자세히 설명하고 있는 학부모 가이드북이다.

Tallent-Runnels, M., & Candler-Lotven, A. C. (1996). *Academic competitions for gifted students: A resource book for teachers and parents*. Thousand Oaks, CA: Corwin Press.

학교 내부와 외부에서 영재학생들이 참여할 수 있는 수백 개의 개인 또는 단체 대회에 대한 목록과 정보를 제공하고 있다.

Van Tassel-Baska, J., Benbow, C. P., & Feldhusen, J. F. (1998). *Excellence in educating gifted and talented learners* (3rd ed.). Denver: Love Publishing.

집단편성, 속진, 프로그램 개발, 교과과정에서의 요구 등을 자세히 설명해 주고 있다.

Winebrenner, S. (2001). *Teaching gifted kids in the regular classroom: Strategies and techniques every teacher can use to meet the academic needs of the gifted and talented.* MMinneapolis: Free Spirit Publishing.

일반 교실 상황에서 어떻게 집단을 편성하고 영재 학습자들에게는 차별화를 제공하는지 그 방법을 가르쳐 주는 교사들을 위한 지침서이다.

Zaccaro, E. (2000). *Challenge math for the elementary and middle school student.* Bellevue, IA: Hickory Grove Press.

이 책은 영재학생들에게 수학을 가르치는 세부적인 전략과 자료를 제공한다.

저널에 실린 관련 논문

Hallinan, M. T., & Sorenson, A. B. (1985). Ability grouping and student friendships. *American Educational Research Journal*, *22*, 485-499

능력별로 집단편성된 학생들은 그 학습 집단 내에서 친구를 사귀는 경향이 있음을 보여 주는 큰 규모의 연구물이다.

Hoover, S. M., Sayler, M., & Feldhusen, J. F. (1993). Cluster grouping and elementary students at the elementary level. *Roeper Review*, *16*, 13-15.

군집 집단 영재 학습자들의 유의미한 학문적 성취를 보여 주는 인디애나 주의 46개 학교에 대한 조사 연구물이다.

웹사이트

Hoagies' Gifted Education Page
http://www.hoagiesgifted.org

부모와 교육자, 영재학생들을 위한 방대한 온라인 목록과 출력할 자료

Austega's Gifted Resource Centre
http://www.austega.com/gifted

호주 뉴사우스웨일즈에서 개발된 영재학생들의 부모와 교사를 위한 자료

ERIC Clearinghouse
http://www.ericec.org

국가에서 지원하는 센터나 기관에 대한 정보

National Association for Gifted Children
http://www.nagc.org

미국에서 가장 큰 영재 교육기관 조직이 제공하는 영재학생들에 대한 자료, 연구, 일반 정보

참고문헌

Arneson, P., & Hoff, N. (1992). *Cooperative learning for the Gifted student: Contributions from speech communication*. Paper presented at the annual meeting of the Speech Communication Association, Chicago. (ERIC Document Reproduction Service No. ED 353620)

Borton, W. M. (1991). *Empowering teachers and students in a restructuring school: A teacher efficacy interaction model and the effect on reading outcomes*. Paper presented at the annual meeting of the American Educational Research Association, Atlanta, GA. (ERIC Document Reproduction Service No. ED 335341)

Brush, T. A. (1997). The effects of group composition on achievement and time. *Journal of Research on Computing in Education*, *30*, 2–18.

Burnette, J. (1999). Student groupings for reading instruction. *ERIC/OSEP Digest*, *E579*. (ERIC Document Reproduction Service No. ED 434435)

Burns, R. B., & Mason, D. A. (2002). Class composition and student achievement in elementary schools. *American Educational Research Journal*, *39*, 207–233.

Campbell, J. R., & Verna, M. A. (1998). *Comparing separate class and pull-out programs for the gifted*. Paper presented at the annual meeting of the American Educational Research Association, San Diego, CA. (ERIC

Document Reproduction Service No. ED 420953)

Carter, G.,Jones, M. G., & Rua, M. (2001). Effects of partner's ability on the achievement and conceptual organization of high-achieving fifth-grade students. *Science Education*, *87*, 94-111.

Coleman, M. R., Gallagher, J. J., & Nelson, S. (1993a). *Cooperative learning and gifted students: A national survey* (Research report for OERI). Washington, DC: Office of Educational Research and Improvement. (ERIC Document Reproduction Service No. ED 359717)

Coleman, M. R., Gallagher, J. J., & Nelson, S. M. (1993b). *Cooperative learning and gifted students: Report on five case studies* (Research report for OERI.) Washington, DC: OERI. (ERIC Document Reproduction Service No. ED 365008)

Cox, J., Daniel, N., & Boston, B. (1985). *Educating able learners: Programs and promising practices* (Report for the Richardson Foundation). Austin, TX: University of Texas.

Delcourt, M. A., Loyd, B. H., Cornell, D. G., & Goldberg, M. D. (1994). *Evaluation of the effects of programming arrangements on student learning outcomes* (NRC/GT Research Monograph). Charlottesville VA: University of Virginia.

Elmore, R., & Zenus, V. (1994). Enhancing social-emotional development in middle school gifted students. *Roeper Review*, *16*, 182-185.

Gamoran, A., Nystrand, M., & Berends, M. (1990, March). *Classroom instruction and the effects of ability grouping: A structured model*. Paper presented at the annual meeting of the American Educational Research Association, Boston.

Gentry, M. L. (1996, Spring). Total school cluster grouping: An investigation of achievement and identification of elementary school students. *NRC/CT Newsletter*, 1-2, 4.

Gentry, M. L. (1999). *Promoting student achievement and exemplary classroom practices through cluster grouping: A research-based alternative to heterogeneous elementary classrooms* (Research monograph for Office of Educational Research and Instruction.) Washington, DC: OERI. (ERIC Document Service Reproduction No. ED 429389)

Gross, M. U. M. (1997). Changing teacher attitudes to gifted students through inservice training. *Gifted and Talented International*, *9*, 15–21.

Hafenstein, N. L., Jordan, N. E., & Tucker, B. (1993). *A descriptive study of multi-age grouping for primary gifted students*. Paper presented at the annual meeting of American Educational Research Association, Atlanta, GA. (ERIC Document Reproduction Service No. ED 360782)

Hernandez-Garduno, E. L. (1997). Effects of teaching problem solving through cooperative learning methods on student achievement attitudes toward mathematics, mathematics self-efficacy, and metacognition. *NRC/CT Newsletter*. Storrs, CT: NRC/GT. (ERIC Document Reproduction Service No. ED 436908)

Hollingsworth, P. M., & Harrison, C. V. (1999). Comparing whole class with traditional grouping: First grade reading instruction. *Reading Improvement*, *14*, 183–187.

Kanevsky, L. (1985). Computer-based math for gifted students: Comparison of cooperative and competitive strategies. *Journal for the Education for the Gifted*, *8*, 239–255.

Keller, J. (1991). *Self-perception and the grouping of gifted children*. Paper presented at the annual meeting of the American Educational Research Association, Chicago. (ERIC Document Reproduction Service No. ED 334725)

Kennedy, D. M. (2002). Glimpses of a highly gifted child in a heterogeneous classroom. *Roeper Review*, *24*, 120–125.

Kenny, D. A., Archambault, F. X., & Hallmark, B. W. (1995). *The effects of group composition on gifted and non-gifted elementary students in cooperative learning groups* (Research Monograph No. 95116.) Storrs, CT: NRC/CT. (ERIC Document Reproduction Service No. ED 402702)

Kulik, J. A. (1993). *An analysis of the research on ability grouping*. Paper developed for the Research-Based Decision Making Series. Storrs, CT: National Research Center on the Gifted and Talented.

Kulik, J. A., & Kulik, C-L. C. (1992). Meta-analytic findings on grouping programs. *Gifted Child Quarterly*, *36*, 73–77.

Lim, T. K. (1994). Letters to themselves: Gifted students' plans for positive lifestyles. *Roeper Review, 17,* 85-80.

Lloyd, L. (1999). Multi-age classes and high ability students. *Review of Educational Research, 69,* 187-212.

Lou, Y., Abrami, P. C., Spence, J. C., Poulsen, C., Chambers, B., & d'Apollonia, S. (1996). Within-class grouping: A meta-analysis. *Review of Educational Research, 66,* 423-458.

Lynch, S. (1993). *The gifted and talented at Walbrook High: A restructured school in Baltimore, Maryland.* Paper presented at the annual meeting of American Education Research Association, Atlanta, GA. (ERIC Document Reproduction Service No. ED 360784)

Martin, J., Powers, L., Ward, J., & Webb, M. (2000). *Empowering intrinsic learners.* Master's degree research project, St. Xavier University, Chicago. (ERIC Document Reproduction Service No. ED 445776)

Mousley, J. A. (1998). Ability grouping: Some implications for building mathematical understanding. *Teaching mathematics in new times: Proceedings of the annual conference of the Mathematics Education Research Group of Australasia. Vol. 2,* 32-47. (ERIC Document Reproduction Service No. ED 429813)

Neber, H., Finsterwald, M., & Urban, N. (2001). Cooperative learning with gifted and high achieving students: A review and meta-analysis of 12 studies. *High Ability Students, 12,* 199-214.

Rogers, K. (1991). *The relationship of grouping practices to the education of the gifted and talented learner: An executive summary.* Storrs, CT: The National Research Center on the Gifted and Talented.

Roy, A. (1990, November). *A meta-evaluation of Johnson and Johnson's meta-analysis of research on cooperative learning.* Paper presented at the annual meeting of the National Association for Gifted Children, Cincinnati, OH.

Schuler, P. A. (1997, Winter). Cluster grouping coast to coast. *NRC/CT Newsletter,* 1, 4.

Shields, C. M. (2002). A comparison study of student attitudes and perceptions in homogeneous and heterogeneous classrooms. *Roeper Review, 24,* 115-120.

Sizer, T. R. (1984). *Horace's compromise: Study of high schools.* New York: Houghton Mifflin.

Sizer, T. R. (1992). *Horace's hope: What works for the American high school.* New York: Houghton Mifflin.

Sizer, T. R. (1996). *Horace's school: Redesigning the American high school.* New York: Houghton Mifflin.

Slavin, R. S. (1987). Ability grouping: A best-evidence synthesis. *Review of Educational Research, 57,* 293-336.

Stout, J. (1993). *The use of cooperative learning with elementary gifted students: Practical and theoretical implications.* Paper presented at the annual meeting of the American Educational Research Association, Atlanta, GA. (ERIC Document Reproduction Service No. ED 360783)

Vaughn, V. L., Feldhusen, J. F., & Asher, J. W. (1991). Meta-analysis and review of research on pull-out programs in gifted education. *Gifted Child Quarterly, 35,* 92-98.

Zeidner, M., & Schleyer, E. J. (1999). The effects of educational context on individual difference variables, self-perceptions of giftedness, and school attitudes of gifted adolescents. *Journal of Youth and Adolescence, 28,* 687-705.

찾아보기

저자 소개

Karen B. Rogers는 현재 GERRIC(영재교육 연구와 정보 센터)의 연구소장을 맡고 있으며, 호주 시드니에 있는 New South Wales 대학교에서 교수로 재직 중이다. 미네소타의 St. Thomas 대학을 떠난 지 3년째 되었다. 그녀는 1991년에 국립영재연구센터에서 "영재교육을 위한 집단편성의 실천과 영향"이라는 논문을 집필하였다. 본 자료는 그 논문이 확장되고 업데이트된 것이다. 그녀는 *Talent in Context: Historical and Social Perspectives*의 공동 편집자이며, 90개 이상의 저널을 썼고, 여러 책에 14개의 단원을 집필하였으며, 영재학생들을 위한 집단편성이 되어 있거나 그렇지 않은 영재교육 프로그램을 60개 이상 평가한 경험이 있다. 그녀는 영재교육협회의 전 회장(TAG)이고, *Gifted Child Quarterly*, *Roeper Review*, *Journals for the Education of the Gifted*, *Journal of Secondary Gifted Education*, *Gifted and Talented International*의 편집위원이다.

역자 소개

전미란

- 미국 조지워싱턴대학교 심리학과 학사
- 미국 미시간주립대학교 유아교육학전공 석사
- 미국 컬럼비아대학교 영재교육학전공 박사
- 서울대학교 과학영재교육센터·한국교육개발원 영재교육센터·서울대 BK21과학교육연구사업단 연구원, 경원대학교 겸임교수 역임

현) 서울대학교 자유전공학부 연구교수

■ **역서**

- 중요한 것은 창의성이다
- 역시 창의성이다: 좌뇌와 우뇌의 균형을 위하여
- 문화적으로 다양하고 소외된 영재학생

■ **공동 연구 논문**

- 영재의 리더십 육성을 위한 기초연구 및 프로그램 개발(2005)
- 유아영재 판별도구의 타당도 탐색(2006)
- 영재의 리더십 구성요인에 대한 사회적 인식(2006)
- 중학교 과학영재학생들의 학습전략에 관한 조사 연구(2006)
- 영재교육기관 컨설팅을 위한 기관 맞춤형 평가(2006)
- 리더십 검사도구의 타당성 및 신뢰성 분석(2006)
- 영재리더십 프로그램 개발(2007)
- Development and Implementation of 'Inventories of Evaluating Science Gifted Education Programs'—Centering Around SNU Science-gifted Education Center(2005)
- Perception of the scientifically gifted and long-term effects of science gifted education program—from the students' perspectives (2008) 외 다수

영재학생 집단편성

A Menu of Options for Grouping Gifted Students

발 행 일 | 2010년 1월 5일 1쇄 발행
저 자 | Karen B. Rogers
역 자 | 전미란
발 행 인 | 홍진기
발 행 처 | 아카데미프레스

주 소 | 122-900 서울시 은평구 역촌동 58-9
부호아파트 102동 상가3호
전 화 | (02)2694-2563
팩 스 | (02)2694-2564
웹 사 이 트 | www.academypress.co.kr
등 록 일 | 2003. 6. 18, 제313-2003-220호
I S B N | 978-89-91517-69-1

가격 6,000원